# NOUVEL
# ALPHABET
## EN FRANÇAIS,
### DIVISÉ PAR SYLLABES.

### NOUVELLE ÉDITION.

A RHEIMS,

Chez **E. LUTON**, Imprimeur-Libraire,
Place Royale.

1849

INRI

ABCDEF
GHIYJK
LMNOPQ
RSTUVXZ
1234567
890.,;:!?'-

✠ a b c d e f g.
h i ï y j k l m
n o p q r s t u v x
z æ œ w fi fl ffl.
A B C D F E G
H I Y J K L M
N O P Q R S T
U V X Z Æ O E
W.

| ba | be | bi | bo | bu |
| ca | ce | ci | co | cu |
| da | de | di | do | du |
| fa | fe | fi | fo | fu |
| ga | ge | gi | go | gu |
| ha | he | hi | ho | hu |
| ja | je | ji | jo | ju |
| ka | ke | ki | ko | ku |
| la | le | li | lo | lu |

| ma | me | mi | mo | mu |
|----|----|----|----|----|
| na | ne | ni | no | nu |
| pa | pe | pi | po | pu |
| ra | re | ri | ro | ru |
| sa | se | si | so | su |
| ta | te | ti | to | tu |
| va | ve | vi | vo | vu |
| xa | xe | xi | xo | xú |
| za | ze | zi | zo | zu |

## ORAISON DOMINICALE.

No tre Pè re, qui ê tes dans les Ci eux. Que vo tre nom soit sanc- ti fi é. Que vo tre rè gne ar ri ve. Que

vo tre vo lon té soit
fai te en la ter re
com me au Ci el.
Don nez-nous au-
jour d'hui no tre
pain de cha que
jour. Et nous par—
don néz nos of fen-
ses, com me nous
par don nons à

ceux qui nous ont of fen sés. Et ne nous lais sez point suc com ber à la ten ta ti on. Mais dé li vrez-nous du mal. Ain si soit-il.

*Sa lu ta tion An gé li que.*

JE vous sa lue, Ma rie, plei ne de

grâ ce ; le Sei gneur est a vec vous ; vous ê tes bé nie par- des sus tou tes les fem mes , et Jé sus , le fruit de vos en- trail les , est bé ni.

Sain te Ma rie , Mè re de Di eu , pri ez pour nous ,

pé cheurs, main te-
nant et à l'heu re
de no tre mort.
Ain si soit-il.

*Sym bo le des A pô tres.*

JE crois en Di eu,
le Pè re tout-puis-
sant, Cré a teur du
ci el et de la ter re.
Et en Jé sus-Christ

son Fils u ni que,
no tre Sei gneur,
qui a é té con çu du
Saint-Es prit, qui
est né de la Vier ge
Ma rie, qui a souf-
fert sous Pon ce-Pi-
la te, a é té cru ci fi é,
est mort, et a é té
en se ve li, est des-

cen du aux en fers, est res sus ci té des morts le troi si è me jour. Est mon té aux Ci eux, est as sis à la droi te de Di eu, le Pè re tout-puissant. Et vien dra, de là, ju ger les vivants et les morts.

Je crois au Saint-Esprit, la Sainte Eglise catholique, la communion des Saints, la rémission des péchés, la résurrection de la chair, la vie éternelle. Ainsi soit-il.

*La Con fes si on des Pé chés.*

JE me con fes se à Di eu, tout-puis- sant, à la bien heu- reu se Ma rie, tou- jours Vier ge, à Saint Mi chel Ar chan ge, à Saint Jean—Bap- tis te, aux A pô tres Saint Pi er re et

Saint Paul, à tous les Saints, par ce que j'ai beau coup pé ché par pen sées, par pa ro les et par ac ti ons. J'ai pé ché par ma fau te, par ma fau te, par ma très-gran de fau te. C'est pour quoi je

supplie la bien-
heureuse Marie,
toujours Vierge,
Saint Michel Ar-
change, Saint Jean-
Baptiste, les Apô-
tres Saint Pierre et
Saint Paul, et tous
les Saints, de prier
pour moi le Sei-

2

gneur notre Dieu.



*Bénédiction avant le Répas.*

O DIEU, qui nous présentez les biens nécessaires pour nourrir notre corps, daignez y répandre votre sainte bénédiction, et nous faites

la grâce d'en user
sobrement.

Au nom du Pè-
re, et du Fils, et
du Saint-Esprit.
Ainsi soit-il.

*Action de grâce après le Repas.*

SEIGNEUR, nous
vous rendons
nos très-humbles

ao-ti-ons de grâ-ces
des bi-ens que-vous
nous a-vez don-nés
pour la nour-ri-tu-
re de no-tre-corps:
qu'il vous-plai-se-de
nour-rir aus-si no-
tre â-me-de-vo-tre
grâ-ce, dans-l'es-pé-
ran-ce de la vie

éternelle. Par Jé-
sus-Christ notre
Seigneur.

Ainsi soit-il.

*Prière pour les Trépassés.*

Que les âmes de
nos parents, de
nos amis, et de tous
les Fidèles qui sont
morts, reposent

en paix, par la mi-
séricorde de Dieu
Seigneur.

*Devoirs des Enfants envers leurs Père et Mère.*

Air:

1. LES Enfants doi-
vent honorer
leurs Père et Mère
en tout âge et en
tout état.

2. Ils doivent

leur faire obéir en tou-
tes choses où Dieu
n'est point offensé.
3. Ils doivent les
aimer et les respec-
ter aussi bien dans
les châtiments que
dans les caresses.
4. Ils doivent
éviter la avec grand

soin de les attris-
ter, ou de les met-
tre en colère.

5. Ils doivent
les assister dans
leur pauvreté,
jusqu'à tout vendre
pour cela.

6. Ils doivent,
après leur mort,

prier Dieu pour le re pos de leurs â mes, et ex é cuter ponc tu el le ment leurs der ni è res vo lon tés.

Ho no rez vo tre Père et vo tre Mè re : c'est là le pre mi er com man de-

ment au quel Dieu
a attaché une pro-
messe de ré com-
pense pour ceux
qui d'ob ser ve ront,
qui est, qu'ils se-
ront heu reux, et
vivront long temps
sur la ter re : c'est

# PRIÈRES DE LA MESSE.

*En entrant dans l'Eglise.*

QUE ce lieu est terrible et vénérable! C'est ici la maison de Dieu, la porte du Ciel. Faites, ô Seigneur, que je sois dans le

res pect, et que je
tremble à la vue
de vo tre sanc-
tuaire. il

*En prenant de l'Eau bénite.*

Mon Dieu, ré-
pandez en moi
l'Eau de votre
grâce, pour me
purifi er de plus

en plus, afin que
les adorations
que je viens vous
présenter, vous
soient agréables.

*Prières avant la Messe.*

Je viens, ô mon
Dieu, pour assis-
ter au saint Sacri-
fice, donnez-moi

votre grâce, la fin que j'y
ai mise avec une foi vive,
un amour ardent et une humilité
profonde.

*Pendant que le Prêtre est au bas de l'Autel.*

J'ai péché, ô mon Dieu! je ne
suis pas digne de

le ver les yeux au
Ciel, ni de regarder
votre Autel pour
vous adorer; mais
que tous les Saints
vous prient pour
moi. Je vous de—
man de grâce, ô
Dieu tout-puis—
sant! ne faites-moi

mi sé ri cor de, et
m'ac cor dez le par-
don de mes pé chés.
Par Jé sus-Christ,
nô tre Sei gneur.

*Le Prê tre é tant mon té à l'Au tel.*

Pè re cé les te, qui
ê tes Di eu, a yez
pi ti é de nous. Fils
Ré demp teur du

mon de, qui ê tes
Di eu, a yez pi ti é
de nous. Es prit
Saint, qui ê tes
Di eu, a yez pi ti é
de nous.

*Au* Glo ri a in ex cel sis.

Je vous a do re,
ô Pè re cé les te!
vous ê tes le Sou-

ve rain Sei gneur,
le roi du Ci el et
le Di eu tout-puis-
sant. Je vous a do re
aus si, ô Jé sus mon
Sau veur ! vous ê tes
le seul Saint, le
seul Très - Haut,
a vec le Saint-Es-
prit, en la gloi re

de Dieu le Père.

*Pendant les Oraisons.*

Dieu tout-puissant, faites-nous la grâce d'avoir l'esprit tellement rempli de saintes pensées, que toutes nos paroles et nos actions ne ten-

dent qu'à vous plai-
re; par Jésus-Christ
no tre Sei gneur.

*A l'Épître.*

O Di eu! fai tes-
moi la grâ ce d'ai-
mer vo tre sain te
pa ro le, d'en ap-
pren dre les vé ri-
tés, et d'en pra ti-

quer les pré cep tes
dès mon en fan ce.

*A l'Évangile.*

Sei gneur, bé nis-
sez mon es prit,
ma bou che, mon
cœur; de sor te que
mes pen sées, mes
pa ro les et mes
ac ti ons soient ré-

glées par vo tre
E van gi le, et que je
sois tou jours prêt
à mar cher dans
la voie des Saints
Com man de ments
qu'il con ti ent.

*Au* Cre do.

Aug men tez ma
foi, Sei gneur; ren—

dez-la a gis san te par la cha ri té, et fai tes-moi la grâ ce de vous ê tre fi dè-le jus qu'à la mort, a fin que je re çoi-ve la cou ron ne de vie.

*A l'Offrande.*

O Dieu qui di tes

dans votre parole:
DON NEZ-MOI VO TRE
COEUR; je vous offre
le mi en en même
temps que le prê-
tre vous of fre ce
pain et ce vin; je
vous of fre aus si
mon corps ; fai-
tes que ce corps

et cet te â me soient u ne hos tie vi van- te, sain te et a gré- a ble à vos yeux.

*Lors que le Prê tre la ve ses mains.*

La vez-moi, Sei- gneur, dans le sang de l'a gneau sans ta che, pour ef fa- cer de mon corps

et de mon â me les.
moin dres    ta ches
du  pé ché.

*A l'*O ra te Fra tres.

Que le Sei gneur
veuil le   re ce voir
ce  saint  sa cri fi ce
pour  sa   gloi  re,
pour  mon  sa lut  et
pour  l'u ti li té   de

tou te son E gli se.

*A la Pré fa ce.*

E le vez, Sei gneur, mon cœur au Ci el a fin que je vous y a do re  a vec les An ges, en di sant, com me eux, trois fois : Saint, Saint, Saint, le Sei gneur,

le Di eu des ar-
mées ; les ci eux et
la Ter re sont rem-
plis de la ma jes té
de vo tre gloi re.

*A près le* Sanc tus.

Mon Di eu, dé fen-
dez vo tre E gli se
con tre tous ses
en ne mis vi si bles

et in vi si bles : con-
dui sez , par vo tre
grâ ce , no tre Saint
Pè re le Pa pe et les
au tres Pas teurs
à qui vous a vez
con fi é le soin des
â mes ; bé nis sez mes
pa rents , mes bi en-
fai teurs et mes

a mis; ac cor dez-
leur les grâ ces né-
ces sai res pour le
sa lut é ter nel.

*A vant la Con sé cra ti on.*

Nous vous prions,
Sei gneur, que vo-
tre jus te co lè re
é tant a pai sée,
vous re ce vi ez fa-

vorablement l'offran de que nous allons vous présenter ; donnez-nous la paix pendant le reste de nos jours, et nous mettez au nombre de vos Elus.

*A l'Élévation de l'Hostie.*

C'est là votre corps, ô mon divin Sauveur ! je l'adore, ce corps sacré, avec une humilité profonde; je l'offre à votre Père pour mon salut et pour celui de tous les hom mes.

*A l'E lé va ti on du Ca li cé.*

C'est là vo tre sang, ô mon Di eu! ce sang a do ra ble qui a é té ré pan du pour la ré mis si on de mes pé chés; fai- tes que je sois aus si tou jours prêt à ré—

pan dre le mi en pour vo tre gloi re.

*A près l'É lé va tion.*

Fai tes-moi la grâ ce, ô mon Di eu! de me sou ve nir tou- jours que ce corps sa cré qui est main- te nant pré sent sur l'au tel, a é té li vré à la mort, et que ce di vin sang, qui est dans le ca li ce, a été ré pan du pour mon sa lut, a fin que je vous ser ve tou te ma vie, a vec ar- deur; sou ve nez- vous aus si de cet te mort, a fin que vous

me par don ni ez
mes pé chés, et me
fas si ez mi sé ri—
cor de.

*Au* Me men·to *des Morts.*

Sou ve nez-vous,
Sei gneur, de vos
ser vi teurs et de
vos ser van tes qui
sont morts dans la

foi, et qui dor ment du som meil de la paix. Par don nez-leur, ô mon Di eu! le res te de leurs pé chés, et leur ac-cor dez vo tre saint Pa ra dis, a fin qu'ils vous ai ment et vous bé nis sent

pen dant  tou te
l'é ter ni té.

*Au* No bis quo que  pec ca to ri bus.

Sei gneur, a yez
pi ti é de moi, qui
suis un mi sé ra ble
pé cheur, et dai-
gnez, mal gré mon
in di gni té, m'ac-
cor der un  re pos

é ter nel a vec tous
vos Saints.

*A la se con de É lé va tion.*

Re ce vez , ô mon
Di eu, cet te of fran-
de du corps et du
sang de vo tre Fils ,
et ren dez-moi
par ti ci pant des
mé ri tes de sa

mort. Père céleste, avec lui, par lui, et en lui, vous appartient toute gloire et louange.

*A l'*Ag nus De i.

Donnez-moi, Seigneur, cet esprit de douleur et d'amour; créez en moi un cœur pur, a fin que, la vé de mes pé chés, je puis- se m'ap pro cher di- gne ment de vo tre sain te Ta ble.

*Au* Do mi ne non sum dig nus.

Sei gneur, je ne suis pas di gne que vous en tri ez dans

mon coeur, mais vous pou vez me dé li vrer de mon in di gni té ; di tes seu le ment u ne pa-ro le, et mon â me se ra gué rie. O mon doux Jésus ! qui dé-si rez si ar dem-ment de vous u nir

à nous, je vous ou-
vre mon cœur pour
vous y re ce voir
com me mon Di eu.

*A la Bé né dic ti on.*

Que Di eu tout-
puis sant nous bé-
nis se, le Pè re, le
Fils, et le St-Es prit.
Ain si soit—il.

*Au der nier Evangi le.*

Jé sus, mon Sau- veur, vous ê tes le Fils u ni que· de Di eu, com me le Pè re et le Saint- Es prit : ce pen dant, pour nous sau ver, vous ê tes ve nu au mon de, vous a vez souf fert la mort, vous vous ren dez pré sent sur le Saint Au tel. Oh ! que vous nous ai mez par fai te- ment ! je veux aus- si vous ai mer de tout mon cœur, et vous ser vir tous les jours de ma vie. Ain si soit-il.

*Pri è re a près la Sain te Mes se.*

Sei gneur, je vous re mer cie de la grâ ce que vous m'a vez fai te, en me per met tant d'as sis ter à la sain te Mes se; je vous de man de par don des fau tes que j'y ai com mi- ses, et je vous prie de m'ac cor der, par la ver tu de ce saint sa cri fi ce, tous les se cours qui me sont né ces sai res pour ne point vous of fen ser pen dant ce jour, et vous ser- vir tout le res te de ma vie, a vec l'a- mour et la fi dé li té que je vous dois.

**FIN.**

www.ingramcontent.com/pod-product-compliance
Ingram Content Group UK Ltd.
Pitfield, Milton Keynes, MK11 3LW, UK
UKHW021458090726
13657UKWH00003B/1399